AF257709

RAN TAN PLAN !

REV'LA NOS REPRÉSENTANTS !

PAR

VICTOR GRÉVIER

Prix : 1 franc 25

Typ. P. Gamon, Saint-Denis, (Réunion)

1878

RAN TAN PLAN!
REV'LA NOS REPRÉSENTANTS

*

Ah ! Saperlote ! C'est en style de citoyen Onésime Boquillon, qu'il convient de raconter les faits prodigieusement mirifiques, et impétueusement dignes de mémoire que nous avons à faire passer à la postérité.

C'était le trente avril dernier, à deux heures de l'après-midi, par un soleil à fendre un cap en deux, que, par arrêté du Gouverneur, notre grand conclave était appelé à se réunir dans le lieu habituel de ses séances, pour procéder aux travaux de sa session ordinaire de l'an de grâce mil huit cent soixante dix huit.

Tous les badauds de l'endroit arrivaient vers la barrique destinée au public. La curiosité était extrême, on sentait qu'il y avait quelque chose de curasse dans l'air. Chacun voulait revoir les braves défenseurs de nos droits coloniaux, choisis comme on sait, bien souvent, par des électeurs illettrés, dans une population dite d'élite.

On s'attendait à les revoir plus tôt : ils devaient d'après un vœu émis à une grande majorité, se réunir vers la fin de l'année dernière en session extraordinaire, pour achever la besogne qu'ils avaient laissée incomplète dans la dernière session ordinaire ; mais bah ! les jours ont succédé aux jours, les mois aux mois, la Saint Sylvestre de l'année 1877 est arrivée, et le conseil n'est pas venu, la session extraordinaire demandée, et promise est passée en conversation, bref, nous reparlerons du milieu de l'année mil huit cent soixante-dix-huit, en session ordinaire.

« À qui la faute ? — Le Gouverneur dit, comme Ponce-Pilate : « ma foi je m'en lave les mains. C'est votre président qui m'a prévenu trop tard, sans compter qu'il y avait beaucoup d'autres conseillers qui ne se souciaient pas de se déranger pour venir passer le jour de l'an à Saint-Denis. » De son côté l'ancien président, en présence de cette affirmation du chef de la colonie dit : « moi je ne m'en mêle pas ! Je ne veux pas entrer en discussion sur ce point, « debrouillate qui peut » — D'autant mieux que j'ai fait déposer sur le bureau ma correspondance à ce sujet, avec Monsieur le Gouverneur, ceux qui aiment la bonne littérature pourront la consulter. Pour moi, je sors d'en prendre, et je renonce aux douceurs pour le moment. »

Ceci nous mène à raconter l'histoire de la nomination du nouveau président ; mais il ne faut pas aller trop vite, et nous allons rapporter [les] choses par le menu.

A deux heures moins un quart, on entend subitement le bruit retentissant du clairon. Keksekça ? dit un gavroche de l'endroit. — C'est, répond un autre, l'arrivée de cette brave compagnie d'artillerie légère de la milice de Saint-Denis, dans laquelle nous sommes susceptibles de marcher avec ! —

Et en effet, on entend une, deux ! une deux ! halte ! front ! portez arme ! présentez arme ! deux pas en avant, deux pas en [arrière] fixe !

Voilà qui est fait ! Le peloton d'honneur, commandé par son brillant lieutenant, ouvrier typographe de M. Gabriel Lahuppe, vient mettre la représentation coloniale sous la protection de la force armée. Jamais on n'avait vu marcher en plus belle ordonnance. Ils sont là, appuyés sur leurs carabines, la poitrine couverte de peaux de bêtes, et la tête armée d'un képi où se balance une queue de cheval teinte en rouge.

On dit qu'en admirant leur attitude altière,
D'un respect fort douteux frappé par leurs exploits
Le public, l'œil fixé sur leur face guerrière
Se mit à les blaguer pour la [...] fois

se formaient la haie de chaque côté de l'allée, et nos représentants passaient gravement au milieu de cet appareil guerrier pour se rendre à la salle du conseil. En passant devant ces fières compagnies de guerre, M. Gabriel Lahuppe, qui cumule avec la position de représentant de Saint-Denis celle de commandant des milices, jette un regard d'orgueil et de satisfaction à droite et à gauche.

On voit arriver un à un, deux à deux, les représentants de Saint-Pierre, de Saint Paul, les différents chefs de services et les rédacteurs de journaux, qui passent par la porte réservée a MM. les conseillers généraux.

Voici le grand et célèbre Thomy le nasillard, avocat-rédacteur du Moniteur, qui dépasse de la tête tous ses collègues de la Presse locale, comme un grand chêne dans une forêt, s'élève au dessus des humbles cyprès qui végètent autour de lui.

Son front au Caucase pareil,
Non content d'arrêter les rayons du soleil,
Brave l'effort de la tempête !

On se rappelle cette fameuse campagne électorale de Saint-Paul, où les électeurs du fond de l'Etang, complètement rebelles aux charmes de l'éloquence nasillarde, ont eu le mauvais goût de blackbouler sa candidature malgré la protection de son gros frère. L'Archange Gabriel, M. l'élection de la date... Les St Paulois près du village ont fait aux deux frères une suite de ... dont ils ont gardé le souvenir. — L'Archange Gabriel s'est refusé de ne pas au Moniteur où il fait imprimer des articles pleins de fiel contre le citoyen Mithri et ses adhérents pendant que le beau Thomay, se consolant de sa déconfiture par le culte des Muses, nous envoyait de Silésie ses considérations biscornues sur la beauté des ailes de nos montages de l'intérieur. Le voilà revenu! Il a quitté la température de flanelle et la végéta- tion de parasol, et nous démontre que par les ex- centricités de ... Mory, il est un homme d'esprit et un littérateur émérite.

A côté de cette immense personnalité colonia- le ... voyons passer modestement le représen- tant de ... Malle, qui au milieu des cris de vive la République, vient nous apprendre que la monar- chie est faite, et que le Roi est d'autant plus près, que les cris de vive la République sont plus forts. Chacun a sa façon de raisonner, et nous devons respecter toutes les convictions.

« Le Nouveau Salazien » se fait représenter par le citoyen Beaudonia. Mais nous demandons pourquoi M.M. Bondel avec ses ingénieurs font partie des privilégiés qui passent par le parye réservée aux conseillers généraux ; pourquoi ne sont-ils pas du côté du public avec le populaire ? — Sont-ils rédacteurs, conseillers généraux, ou fonctionnaires ? — Non ! — On dit que c'est M. Drouhet qui les a conduits, dans la partie de la salle où le public n'a pas le droit de pénétrer : Mais qui donc a donné à M. Drouhet le pouvoir de faire cette gracieuseté ? — Il l'a pris probablement sous son bonnet : Il y a beaucoup d'arbitraire et de sans façon sous le bonnet phrygien de ces républicains-là ; mais, si sous notre nouveau régime démocratique et égalitaire, nous devrons encore nous plaindre de ces préférences et de ces faveurs abusives qui ont motivé tant de réclamations du temps de la royauté et de l'empire, nous dirons franchement avec le prête de la fille de Madame Angot, que ce n'est pas la peine de changer de gouvernement.

Nous sommes à M. Drouhet, tenons nous y pour un moment ! Aussi bien, comme on le verra tout à l'heure, c'est lui qui doit être considéré comme le héros du jour et le premier personnage de la fête ; ainsi donc à tout seigneur, tout honneur.

Monsieur Drouhet Père a fait, tout dernièrement en France, un voyage qui paraît lui avoir singulièrement profité à tous les points de vue. Il en[est?] revenu soigné, plus et boursouflé, et il revient gras et fleuri, avec une face littéralement carrée, qui respire la joie et la prospérité. Tout lui a souri pendant ce temps d'heureuse pérégrination. Il avait été envoyé en France, comme sous délégué du maire de Saint-Paul, afin de donner un coup de main au citoyen Palu de la Barrière dans la question du Port qui semblait un moment compromise : il est arrivé à Versailles quand les affaires du Port et du Chemin de fer étaient rétablies dans la meilleure voie, et juste au moment où la Chambre des Députés votait une garantie inespérée en faveur de cette importante entreprise. Il n'avait rien à faire qu'à attendre, le vote du sénat qui fut bientot unanime, ce que l'ambassadeur extraordinaire de St-Paul constata dans un télégramme adressé à son compère le maire Milhet, en lui mandant en style de César, ou de François Premier :

All rigth !

La chose avait couté vingt-mille francs à la Commune de Saint-Paul, voici comment :

Le Conseil de Commune St-Paulois avait mis à la disposition de son maire, une somme de dix ou vingt-mille francs pour lui permettre de se rendre en France, en personne, afin d'appuyer le projet du Port et du Chemin de fer du citoyen Palu — dix-mille francs, si M. Milhet partait seul, et vingt-mille s'il jugeait à propos de prendre un compagnon de route pour effectuer ce voyage politico-économique. Mais on était à Bourbon sur le point de renouveler la délégation de St-Paul au Conseil général; si M. Milbert était parti à ce moment là, il pouvait bien être mis pendant son absence à la porte du Conseil en compagnie de ses amis politiques. Il ne partit pas; il ne fit pas cette faute, il passa son mandat au citoyen Drouhet qui partit en touchant l'argent voté par le Conseil. Combien ? — Nous croyons qu'il a dû toucher d'abord dix mille francs, ainsi que nous l'avons expliqué plus haut.

Mais M. Drouhet savait que la commune avait voté vingt mille francs pour la mission qu'il était chargé de remplir : alors, après avoir d'abord employé dix mille francs, il a continué de vivre aux frais de la princesse. A son retour à Bourbon, il est venu au sein du Conseil municipal, exposer minutieusement dans le détail le plus prosaïque qu'il avait dépensé pendant son voyage la somme de dix-huit mille cinq cents francs. Parole d'honneur ! Il aurait du imprimer, pour l'agrément de tous, la note détaillée de ces dépenses soumises au Conseil. Nous aurions bien voulu voir comment il se fait, qu'un homme qui ne dépense que quatre mille cinq cents francs par an pour lui et toute sa nombreuse famille, arrive à absorber la somme de dix-huit mille cinq cents francs pour lui seul ! dans l'intervalle de cinq ou six mois. — Quoiqu'il en

est, le compte comme nous l'avons dit plus
haut, a été présenté au Conseil de commune qui
l'a approuvé avec un chaleureux enthousiasme.
Et chose qu'il ne faut pas oublier, detail qu'il
faut conserver pour l'admiration de la posterité,
le Conseil de commune en approuvant et en rati-
fiant le compte de dix huit mille cinq cents f dont
nous avons parle plus haut, a décide que M. Drouhet toucherait, à titre de gratification la somme
de quinze cents f. formant avec les dix huit mille
cinq cents francs depensés, celle de vingt mille
francs originairement votée par le conseil pour
servir aux depenses de M. Nilbet et d'un aide
de camp.

Quand la question s'est présentée au conseil
de commune, un membre s'est avisé de trouver
que ce qu'un cents francs, qu'il s'agissait de
donner à M. Drouhet, on ne sait pourquoi, seraient peut être mieux employés en secours à four-
nir aux ténébreux, indigents de la commune dans
un moment où l'épidemie de fievre et de misère
fait tant de ravages ; mais l'honorable M. César
Papin, dont le nom n'est pas inconnu dans l'histoire brétonne de M. Drouhet a soutenu qu'il ne
fallait pas marchander à ce dernier, quelques
centaines de francs, sur lesquels la commune avait
depuis longtemps fait son deuil, et le Conseil a
voté comme un seul homme que les quinze-cents
francs seraient sans plus d'observations remis en-

mains de l'illustre Tarratantara. Après cela, tout
le monde a crié ; Vive la République , comme la
chose se comprend naturellement.

Mais il ne suffit pas de se faire allouer des sommes plus ou moins importantes par des conseillers municipaux, peu ménagers des deniers de
leur commune, l'important est de toucher l'argent, et c'était justement la difficulté dans le
cas qui nous occupe.

Après le vote dont nous avons parlé plus haut,
M. Droulhet se rendit chez le Percepteur. C'était
alors ce bon Monsieur Vergoz.

Qui depuis ... Rome alors admirait ses vertus.

Néant à la requête ; Il n'y avait pas un sou dans
la caisse. M. Droulhet dut se résigner à attendre
avec le service de la Police qui dans ce temps là,
restait des deux et trois mois sans être payé.

Ici nous ouvrons une parenthèse pour nous
demander comment il se fait que dans une commune quelconque, le service de Police peut rester deux et trois mois sans être payé, en présence d'un maire qui lit tous les mois au Journal officiel, les sommes qui reviennent à sa commune, en vertu des répartitions des divers im-
pôts, et qui reçoit en outre de la Direction du

employés, et que ces sommes ont été ex-
pédiées au Percepteur. On ne dira pas que
cet argent a reçu une autre destination, car
une circulaire administrative enjoint de l'employer d'abord au paiement du service de la police. Comment se fait-il donc ; que le service de
la Police de Saint-Paul ait pu rester quelque
fois si longtemps sans être payé, et que M. Millet
n'ait pas réclamé contre le Percepteur et pro-
voqué des vérifications qui auraient sauvegardé les
intérêts de la Commune? En vérité, cela semble
bien extraordinaire à tout le monde : sans doute,
personne ne vient suspecter l'honorabilité du
maire de Saint-Paul, qui est et restera en dehors
du débat, mais n'y a-t-il pas lieu de rechercher
quelque part une incurie, ou une incapacité de
nature à faire naître de justes et sérieuses res-
ponsabilités ?

On parle d'une certaine quantité d'obligations
de la Commune, qui auraient été placées à des
particuliers de bonne foi, en excédant du chiffre
de l'emprunt. Un volume du cahier à souche
dont on détache les titres sur la Commune aurait
été laissé entre les mains du Percepteur, avec la
signature du Maire donnée d'avance et sans
compter ; Et pour un emprunt de cent-vingt-
cinq mille francs, le Percepteur aurait eu la fa-
culté de découper des titres pour plus de deux-
cent-mille francs. Ce fait est exact, notre vota-

pas sischrement que la responsabilité matérielle du maire ne soit pas trop engagée dans la circonstance.

Autrefois : L'Étang de Saint-Paul vient d'être envahi par les eaux de la mer, et il en résulte une perte considérable, pour ceux qui font du sucre dans cette localité. Plus de huit-cent milliers perdus! Toutes les cannes sont littéralement inutiles. Ce malheur n'aurait pas eu lieu, si les Républicains de la Commune n'avaient pas fait détruire il y a quelques années l'estacade qui empêchait les ras-de-marée de fermer l'embouchure de l'Étang. Il faut donc rétablir l'estacade. Oui, mais pour cela il faut de l'argent. On avait voté sur le million accordé par la Métropole une somme de cinquante-mille francs pour le curage de l'Étang. Voici le moment d'employer cette somme, où est-elle ? — Disparue : — Vingt-mille francs ont été employés plus ou moins adroitement à faire des berges dans l'Étang et le reste ..... — Eh bien, le reste ? — Le reste montant à la somme de trente-mille francs a été donné à M. Blondel, Ingénieur du Port pour payer son premier voyage à Bourbon :

Mais qui donc s'est permis de faire un tel placement des fonds de la commune ? — Probablement le maire et ses adhérents. — Mais à cela on nous répond que M. Blondel a promis de nousdre l'argent quand le port sera fait. C'est bien, mais en attendant comment les Saint-Paulois vont-ils faire pour payer les frais de l'attaque qui leur est immédiatement indispensable pour ne pas perdre leurs récoltes ?

Il résulte de tout ceci, que M. le maire Milhet peut-être un très-bon garçon, très-serviable et très-généreux, donnant tout ce qu'il a, et même ce qu'il n'a pas ; mais il faut reconnaître aussi que sa capacité financière est telle, que la pauvre commune de Saint-Paul sera très-sûrement, un de ces quatre matins, réduite à la plus triste mendicité.

Après cela nous pouvons nous étonner de voir le « Nouveau Salazien, » journal dévoué aux intérêts de MM. Drouhet et Milhet insinuer, dans son dernier courrier pour la Métropole, que M. le Receveur général Verryères, responsable évidemment de la gestion du percepteur Vergez, est un homme incapable, parcequ'il n'a pas su sauvegarder les deniers du trésor, mis au pillage par Vergez, ses amis et ses compagnons de bouillotte et de baccarat.

Fermons ici notre parenthèse, et laissons à leur libre cours les enquêtes que l'administration ne manquera pas de provoquer sur des faits qui lui sont indiqués par la notoriété publique.

Revenons à M. Droubet. N'ayant pu parvenir à se faire payer par le Percepteur de St-Paul, il est décidé à revenir à St-Denis, les poches vides pour le moment. Mais bientôt après, on apprit la mort du percepteur Verges, et le déficit énorme qu'il laissoit dans sa caisse. Le pot aux roses fut découvert. Le service financier de St-Paul fut organisé d'une façon plus régulière sous la direction d'un autre Percepteur. Alors, M. Droubet prit la plume, et écrivit dit-on, à ses amis de St-Paul que, puisque les finances de la Commune étaient désormais ramenées à une marche régulière, il croyait le moment venu de réclamer les quinze cents francs que le Conseil lui avait généreusement accordés. La réponse ne se fit pas longtemps attendre et M. Droubet reçut les quinze cents francs demandés.

Ce payement a précédé de quelques jours le repas splendide, ces noces de Gamache, ce festin de Balthasar que M. Droubet a offert chez lui à M. Blondel et aux ingénieurs attachés, sous sa Direction, à l'entreprise du Port et du Chemin de fer de l'Île de la Réunion. On se demande la cause de cette prodigalité de M. Droubet qui n'a certainement pas l'habitude de faire manger aussi bien par ses amis; voilà l'explication : c'est la commune de St-Paul qui a largement payé cette honnête bâfrée.

Devons-nous faire de tout cela, un crime à

Monsieur Drouhet ? — Il a profité honnêtement de la légitime admiration qu'il avait su inspirer aux naïfs conseillers municipaux de St-Paul. Il s'en est réjoui avec M. Blondel dont il attend probablement des bienfaits et à qui il doit peut-être déjà de la reconnaissance, s'il est vrai que le Représentant de M. Lavalley à Bourbon ait jugé à propos de prendre à son service, moyennant rémunération large et suffisante, l'ex-inspecteur de l Instruction publique, mis brutalement à la retraite et se posant désormais dans le pays, comme chef de la démocratie coloniale.

Parbleu : il a bien raison, et ceux qui lui jettent la pierre seraient peut-être disposés à faire comme lui, s'ils en trouvaient l'occasion. Une vieille bonne femme de notre connaissance disait avec beaucoup de sagacité : fais ! des honneurs stériles qui ne font pas marcher le marmiton: Le titre de chef de la démocratie coloniale, sans argent, à quoi sert-il ? Une bonne sinécure de mille francs par mois payés par une grande société financière, voilà qui est positif.

M. Drouhet est un homme positif. Il a compris qu'il y avait une fin à tout. Il a assez dépensé de force et d'énergie pour arriver à ne pas mourir de faim. Si depuis l'âge de dix-neuf ans qu'il se tue le corps et l'âme pour se faire une position, il avait employé la même persévérance et la même intelligence à tenir une boutique de chinois ou d'indien, i   it aujourd'hui un prince de la finance.   n 'a le droit de lui faire

un reproche quand il songe enfin à ses petites
affaires ; seulement il ne faut pas qu'il qu'il fas-
se servir un mandat public qu'il tient de la con-
fiance de ses concitoyens, uniquement à se pro-
curer une position personnelle plus ou moins
lucrative.

Cependant l'horloge de la cathédrale avait
sonné deux heures, les conseillers étaient rendus
à leur poste : les uns étaient entrés dans la salle,
les autres se tenaient près de la porte Nord, sous
la tente édifiée depuis que la varangue du coté
Sud a été disposée pour recevoir le public. On
causait on riait, on se faisait des salamalecks, on
s'adressait des salutations et des genuflexions aux
chef de services et d'administration qui étaient
venus pour assister à la session d'ouverture du
Conseil. Dieu ! quelle profusion de poignées de
main. M. le directeur de l'Intérieur en distri-
bue à droite et à gauche, avec une libéralité tout
à fait démocratique. Voilà Monseigneur l'évêque
de Saint-Denis qui arrive en compagnie de son
grand Vicaire, M. l'abbé Dalgeri : on s'étonne
à juste titre de voir certains libres penseurs venir
briguer la faveur d'un sourire que le chef véné-
rable ne refuse à personne. Mais aussi un autre
détail qui peut servir à l'histoire philosophique
du cœur humain : les membres de la majorité républicaine du Conseil, entourent M. Drouhet, et
le maculent de baisers, tout en s'apprêtant à le
trahir dans un moment. O baiser de Judas Isca-
riote, tu seras donc de tous les temps, et on te

rencontrera dans toutes les circonstances dans l'histoire de notre pauvre humanité :

Détournons nos regards de ce spectacle affligeant, cherchons quelque chose de plus récréatif pour le cœur et l'esprit. Voici Gilles Grosse-Panse qui vient étaler sa viande a l'admiration des assistants : il est fier d'avoir élevé, ce qu'il appelle, un monument a Dayot. Nous examinerons bientôt dans un travail spécial l'étonnante prétention [de cet excellent tabellion qui se fait adresser des sonnets a propos d'une entreprise dont il s'est chargé sans mandat, sans talent, et sans aucune espèce d'autorité : Pauvre Gilles Grosse-Panse ! Que ne faisait-il autre chose ? Où diable a t-il pêché qu'il lui revenait, a lui, prosaïque tabellion, d'ouvrir le temple de mémoire a un favori des Muses ?

Voila, marchant a côté de Gilles, le Gros Archange Gabriel qui se croit aussi appelé a remplir dans notre heureux pays le role de dispensateur de la gloire littéraire. Bon Gabriel ! on aime a voir ce crane dénodé avant l'âge, qui ressemble a un œuf d'autruche, et duquel on peut dire : rien dessus, rien dessous, rien autour :

Mais la clochette du Président se fait bruyamment entendre. C'est M. Denis de K/vegoen qui s'est emparé du fauteuil, en qualité de doyen d'âge. — Nous demandons pourquoi M. Denis de K/vegnen s'empare du fauteuil en qualité de doyen d'âge. Est-ce qu'il est plus âgé que MM. Trollé, Adrien Bellier et Théodore Thomas ?

Non, assurément, mais il paraît que les trois Trois-quarts de siècle que nous venons de nommer n'est pas venu occuper le fauteuil de la Présidence. On se demande nécessairement pourquoi ? Car M. Adrien Bellier a été vu avant la séance se promenant sous la varangue, il en est de même de M. Thomas.

Décidément, M. Adrien Bellier ne veut pas se donner la peine de présider le Conseil général. Nommé président, à la première session de 1871, il a refusé ce poste en disant qu'il n'était pas capable de le remplir. Comment M. Adrien Bellier, pas capable ? — Mais vous avez été délégué de la Colonie pendant plusieurs années, et à ce titre vous avez représenté la Colonie dans la Métropole sous le règne de Napoléon III : vous avez même été élu député à l'assemblée nationale, quoique vous n'ayez pas pu, à cause du coup d'état du deux décembre, aller siéger au Grand Conclave de la nation française. — Le mot est de vous. — Comment se fait-il donc que vous manquiez de la capacité nécessaire pour présider notre modeste Conseil général ? Non ! M. Adrien Bellier, vous n'êtes pas incapable. Au contraire, tout le monde vous considère depuis longtemps dans le pays, comme le chef de notre parti démocratique, et Duval, — ce n'est pas mal ! — vous a donné le nom de Grand-Tambour Major de la démocratie coloniale : Comment pouvez-dire après cela, que vous n'êtes pas capable de présider le Conseil général ? — Est-ce par mo-

destie que vous parlez-ainsi, oubien ne voulez-
vous pas vous donner la peine de remplir les
fonctions qui vous sont imposées par le mandat
que vous avez sollicité de vos électeurs? — Dans
le premier cas, nous vous dirons que vous avez
assez vécu pour savoir vous apprécier vous même à votre juste valeur, dans le second cas, nous
vous dirons de donner votre démission puisqu'il
ne vous convient pas de vous soumettre aux obligations imposées par votre mandat.—Si vous êtes
le plus age des conseillers présents, quand la loi
appelle le doyen d'âge au fauteuil, vous ne pou-
vez pas, vous ne devez pas vous dispenser d'obéir
à la loi.

Quand à M. Thomas, il faut reconnaître qu'il
se fait ordinairement un vrai plaisir d'occuper le
fauteuil en qualité de doyen d'âge. On l'a vu
bien souvent à ce poste, où il montre toujours
du trait et de l'entrain, il faut donc penser que si
le trente avril dernier, il a cédé la place à M. Denis de K/veguen, c'est qu'il avait pour cela une
bonne raison que nous ne connaissons pas.

Pour M. Trollé, c'est autre chose ; il ne dit
pas qu'il est incapable, personne ne le croirait, et
il ne se croirait pas lui-même, s'il alléguait une
raison semblable. Mais M. Trollé a horreur de
l'habit noir, et il ne se résout à l'endosser que
dans les circonstances les plus exceptionnelles :
Or il faut-être en habit noir le jour de la séance
d'ouverture , car on peut être désigné par le
sort pour faire partie de la commission chargée

d'aller chercher le Gouverneur pour le conduire au Conseil, et si l'on est président d'âge, on fait nécessairement partie de la commission. Voilà pourquoi M. Trollé ne veut pas être président d'âge, et s'arrange de manière à être absent au moment de l'ouverture de la séance. Voici le procédé qu'il emploie : Il reste dans la Rue Ronsunay sous la galerie du bureau des messageries maritimes en face de la porte d'entrée du Conseil : là il attend, et quand il voit passer le cortége qui se rend au gouvernement pour aller chercher le gouverneur, il ne craint plus d'être obligé d'en faire partie, et se rend immédiatement dans la salle du Conseil, où il se glisse à sa place avant l'arrivée Gouverneur qui ne s'apperçoit pas que le Grand Croquemitaine est en redingote démocratique.

Voilà les raisons pour les quelles c'est M. Denis de K/véguen qui ocrupait le fauteuil de la présidence en qualité de doyen d'âge, quand il y avait à la séance MM. Trollé, Thomas et Adrien Bollier qui sont plus âgés que lui. Il est inutile d'examiner la question de savoir si M. Denis de K/véguen est plus âgé que MM. Richard et Dussac qui étaient aussi présents à la séance d'ouverture ; nous en avons dit assez sur ce détail qui n'a pas une bien grande importance, mais qui montre cependant avec quel sans façon, au point de vue des lois et des réglements, les choses se passent quelquefois au sein de la première Assemblée du pays.

Quoi qu'il en soit M. Denis de K/véguen est
au fauteuil de la présidence. Il invite monsieur
Bourgine, le plus jeune des conseillers présents,
à venir remplir les fonctions de secrétaire pour
composer le bureau provisoire, et procéder d'a-
près les prescriptions du réglement au tirage au
sort des deux membres, qui avec ce bureau, doi-
vent se rendre à l'hôtel du Gouvernement pour
aller chercher le chef de la colonie et de le conduire au Conseil d'après le cérémonial usité. Le
sort indique M. Dureau de Vaulcomte et Crestien, et la députation se rend immédiatement auprès du Gouverneur qui fait bientôt son entrée
dans la salle du conseil, a la tête des chefs d'administration et des officiers et fonctionnaires con-
voqués pour cette importante solennité.

Le Gouverneur se place sur l'estrade qu'occupe ordinairement le bureau du conseil général.
Il prend le fauteuil du président, à sa droite se
tient Monseigneur l'Evêque de Saint-Denis, puis
le Directeur de l'intérieur ; à sa gauche sont
MM. Gibert Pierre, ordonnateur et Madre,
procureur de la République, remplaçant M. le
Procureur général, actuellement à Salazie pour
cause de santé. Tout le monde reste un moment debout et on peut remarquer derrière le
fauteuil du Gouverneur, une scène muette du
comique le plus achevé. M. Denis de K/véguen
à mis la main sur le dos d'un fauteuil réservé à
l'Evêque, et croit probablement qu'en sa qualité
de doyen d'âge, il doit s'assoir à coté du Gou-

verneur ; mais Monseigneur Soulé qui connaît
mieux que lui le réglement du Conseil, lui re-
pousse doucement le bras, et finit par lui donner une poignée de main en signe d'adieu, ce que
M. Kjvéguen finit par comprendre, car il se re-
tire avec les autres conseillers généraux et se
rappelle enfin comment il doit se placer le jour
de l'ouverture de la session du Conseil.

; Cependant le Gouverneur invite tout le monde à s'asseoir, et donne lecture d'un discours qui
est écouté dans un religieux silence. La voix du
Gouverneur est faible, mais claire et sonore : elle
est entendue parfaitement dans toutes les parties
de la salle.

Le chef de la Colonie fait d'abord savoir aux
membres du Conseil général qu'il aurait voulu
les réunir plus tôt en session extraordinaire, comme la chose avait été demandée au moment de
la dernière session ; mais la chose n'a pas été
possible par des raisons qu'il donne et que nous
verrons critiquer plus tard dans une séance du
conseil général. Ce point n'a pas une grande
importance.

Le Gouverneur indique au Conseil les princi-
pales questions qui seront soumises à ses délibé-
rations, il compte comme toujours sur le dévoue-
ment des conseillers généraux, et sur leurs lu-
mières pour arriver à faire le bonheur du pays.
« L'entente cordiale » qui à toujours existé entre le conseil et l'administration a peut-être vieil-
li un peu, mais, mais on pourra la remplacer par

la « loyale entente », et tout sera pour le mieux dans la meilleure des colonies possibles.

Après cela le chef de la Colonie trouve que nos finances sont dans l'état le plus florissant, puisque la caisse d'épargne qui avait été mise à sec, il y a deux ou trois ans, s'est rétablie actuellement au point de contenir près d'un million de francs. M. le gouverneur voit là une preuve de bonne administration de nos finances. Tout le monde n'est pas de son avis.

Quoiqu'il en soit, malgré cette prospérité coloniale, à laquelle il n'a pas l'air de croire beaucoup, le gouverneur pense que le Conseil ne ferait pas mal de chercher avec prudence des réformes financières qui auraient pour résultat de combattre la misère et le paupérisme qui menacent de nous engloutir comme une mer envahissante. Ce passage arrache des applaudissements au citoyen Croquemitaine.

Enfin le gouverneur, après avoir rappelé aux conseillers généraux que la question du Port est en bonne voie, leur souhaite cordialement le bon jour, en criant : Vive le Président de la République ! Quelques voix répondent par le cri de Vive la République, et le chef de la colonie s'en retourne à l'hotel du gouvernement dans le même cérémonial qui l'accompagnait à son arrivée.

La séance est suspendue pour un moment. On cause dans la salle et sous la varangue destinée au public. Un habitant St-Paulois qui a complètement la touche d'un faubourien du quartier

St-Marceau trouve que le Gouverneur a eu tort de crier Vive le Président de la République, et qu'on a bien fait de lui donner une leçon en lui répondant énergiquement par le cri de Vive la République.

Je ne suis pas de votre avis, répond un homme sensé qui passe pour Conservateur, et qui n'est tout simplement qu'un partisan de l'ordre et de la raison, — je ne suis pas de votre avis, et jure que ceux qui ont répondu au Gouverneur par le cri de Vive la République ont commis une grossière impertinence, s'ils ont prétendu donner une leçon au chef de la Colonie. Le cri de Vive le Président de la République est parfaitement correct dans l'état actuel de notre Constitution qui contient la clause de Révision en 1880. En vertu de cette clause, c'est le cri de vive la République qui est un cri séditieux. D'ailleurs sous les autres gouvernements, quels sont les cris usités ? — On dit vive le Roi, sous le gouvernement monarchique, et vive l'empereur sous le gouvernement impérial. Demandez au grand tambour major de votre démocratie coloniale quel cri il a poussé sur le boulevard au passage de Napoléon III revenant de l'expédition de l'Italie. Personne ne s'est jamais avisé de crier vive la royauté, ou vive l'empire, quand on est sous le gouvernement d'un Roi ou d'un Empereur, pourquoi donc faire un crime au gouverneur de crier vive le Président de la République, lorsque nous vivons sous le régime de la Républi-

que, et que ce régime peut d'ailleurs être modi-
fié, en vertu de la clause de révision dont nous
avons parlé plus haut.

— Bah ! Bah ! Bah ! C'est des bêtises que
tout cela répond le faubourien, et j'espère bien
que dans peu, le progrès aidant (et le pétrole
aussi dit un interrupteur) nous aurons une République sans président, et alors on sera obligé
de crier vive la République ! — D'accord.

La séance est suspendue pendant quelques
instants après le départ du gouverneur, et M.
Denis de K¡véguen reprend le fauteuil de la présidence en qualité de doyen d'âge, quoiqu'il ne soit
pas comme nous l'avons dit le plus âgé des membres présents de l'Assemblée. M. Bourgine secrétaire provisoire est invité à faire l'appel nominal
des conseillers généraux. MM. Adrien Bellier
— Drouhet — Bureau de Vaulconte — Revercé
— Bellier de Villentroy — Bourgine — Denis
de K¡véguen — De Pont-le-Voye — Richard et
Boissac répondent : présent.

MM. Lasserve, Potier et Frappier sont absents
pour cause de maladie — M. Camille Jacob de
Cordemoy est en France remplissant une mission
communale.

Le secrétaire continue l'appel et on lui répond
ainsi qu'il suit :

— Son Impertinence Don Precioso, chevalier
de Quatre Espagnes : présent.

— Le Coq blanc de Saint-André : voilà.

— L'Oignon de Saint-Paul : adsum.

— Béhert : v'là moi.
— Le Valet du fond de l'Arabie ! je tiens.
— L'Archange Gabriel : v'là que je viens.
— Croquemitaine : J'y suis, mes bons amis, mes chers amis, j'y suis.
— Le Petit Bigote : j'y suis aussi.
— Emile l'Angolière :
    Citoyen secrétaire, à mon poste fidèle,
    Je réponds ici lorsque ta voix m'appelle.
— Gilles Grosse-Panse :
Puisqu'à l'appel ici, j'entends le répondre en vers.
Je veux aussi répondre en frisonnant de travers.
    M. de Puen la Vega (interrompant)
Rimailler ainsi, d'où vous vient la manie ?
Est-ce de St-Agnand ? Mais soit dit entre nous,
Au lieu de vous poser en homme de génie,
Vous feriez mieux, mon cher, d'aller planter
                              des choux.

— Gilles Grosse Panse :
Avez-vous lu, morbleu, mon œuvre majuscule,
La nuit terrible ?
— Puen la Vega.
              Eh ! oui ! c'était fort ridicule,
Mais où vous êtes bon, on ne peut le nier,
C'est bien assurément dans la plaisanterie
De donner à Dupot des vers faits par Grenier ;
Après cela, souffrez que de vous chacun rie.
    Le Président (interrompant)
Messieurs, je ne puis pas laisser se prolonger
cette discussion littéraire qui trouvera peut-être
ment sa place ailleurs que dans cette enceinte,

où nous avons à nous occuper de choses sérieuses. Je vous invite donc à procéder immédiatement à l'élection du bureau. Nous allons com-
mencer par choisir le Président, puis le vice Président et ensuite les deux secrétaires. Il est procédé ainsi qu'il est dit par M. Denis de Kyvéguen
et le dépouillement du scrutin donne le résultat
suivant :

Pour la présidence, M. Drouhet obtient douze voix contre M. Revercé qui n'en réunit que huit.
M. Drouhet est proclamé président.

Pour la vice-présidence M. Denis de Kyvéguen obtient treize voix contre M. Thomas qui
n'en réunit que sept. M. Denis de Kyvéguen est
en conséquence proclamé vice président.

Les deux secrétaires élus sont MM. Bullier de
Villentroy et Lougnon. Ce dernier résultat arrache une exclamation à M. Horland qui se trouve
assis sur un des bancs destiné au public : « il y
a là dit-il, de quoi boire et manger ! » Et M.
Thomas, de son côté s'écrie par dérision : Vive
la République !

Il y a en effet quelque chose d'extraordinaire et d'épatant dans la nomination de ce bureau dont nous venons de donner la composi-
tion. C'est un drôle d'amalgame, c'est un singu-
lier hari, c'est une bizarre olla-podrida dont il
faut nécessairement donner l'explication au lec-
teur. C'est ce que nous allons entreprendre de
faire, en racontant sous toutes réserves ce que
nous avons pu entendre dire à droite et à gau-

che, par des personnes bien informées.

Pour bien faire connaître l'énormité de la plaisanterie dont nous avons à rendre compte, il faut faire tomber les masques. Quoique le scrutin ait été secret le « Moniteur » a publié les noms des conseillers qui ont voté soit pour la présidence de M. Drouhet, soit pour celle de M. Reveré. Il n'a été contredit par personne, et il ne pouvait pas l'être puisqu'il a dit la vérité

Voici les noms de ceux qui ont voté pour M. Drouhet, ils sont au nombre de douze ; MM. Drouhet — Denis de Kivéguen — De Pont-le-Voye — Richard — Dussac — Naturel — Loupy — Lougnon — Troussail — Milbet — Crestien — Bellier de Vilentroy.

Les huit autres membres présents ont voté pour M. Reveré. Ce sont MM. Trollé, Thomas, G. Labappe, Emile Bellier, Adrien Bellier, Duresude Vaukom e. Reveré et Bourgine.

C'est à dire que ceux qui composaient autrefois la majorité républicaine, les anciens fidèles de M. Drouhet ont voté contre lui et qu'il est arrivé cette fois à la présidence par le vote de ses anciens adversaires pour ne pas dire ses ennemis.

Cela a fait dire assez haut par M. Adrien Bellier s'adressant à M. Naturel, il faut pour expliquer un pareil vote, ou que vous soyez devenu bien républicain, ou que M. Drouhet soit devenu bien retrograde. A quoi M. Drouhet, en entendant ces paroles, a répondu : ni l'un ni l'autre.

Alors quoi donc ? — Comment se fait-il que M. Bellier de Villentroy, légitimiste et clérical pratiquant, soit nommé secrétaire par les mêmes voix que celles qui ont voté pour M. Longeon, libre penseur et Républicain radical extrême ? Comment se fait-il que la blanche hermine se trouve associée au rouge, sang de bœuf ?

D'abord, M. Drouhet avait pour lui ses trois Saint-Paulois dont son copin Milhet lui garantit la fidélité à perpétuité. Comptons quatre voix. Ensuite il y a le Maire de Saint André qui vota pour M. Drouhet par habitude, joignez-y M. de Kervéguen qui se ferait tuer pour M. Drouhet et qui se batterait pour lui contre toute une armée, ajoutez-y la voix de M. Drouhet lui-même et vous aurez en tout 7 voix acquises à l'Ex-Inspecteur de l'Instruction publique, une voix de moins que M. Revercé.

C'est ce que M. Naturel a compris et il a vu le moyen de jouer un rôle important en déplaçant la majorité à son gré. Il a donc groupé le bataillon des conservateurs formant l'infime minorité du Conseil, et il leur a fait comprendre qu'ils avaient désormais le moyen de dominer la majorité républicaine. M. Richard n'a pas été difficile à persuader puisque M. Naturel remplit auprès de lui le rôle de la nymphe Egérie. MM. Dussac et Bellier de Villentroy ne demandaient pas mieux que de faire niche à la majorité républicaine qui ne voulait plus de M. Drouhet à aucun prix après l'avoir adoré cinq ou six ans de suite : d'ailleurs il y avait des compensations dans la garde des positions honorifiques du Conseil. M. Bellier de Villentroy était nommé secrétaire, et .M. Ducane faisait partie de la commission du budget. Le plus difficile à emporter fut M. de Pont le ¡Voye qui résista longtemps mais finit par céder quand l'heure de son déjeuner arriva : il fut pris par la famine comme une ville assiégée .

Voilà comment se fit l'élection de M. Drouhet. Les vainqueurs se partagèrent le butin — M. Drouhet fut président, MM. de Villentroy et Longuon secrétaires. Et Naturel, quelle fut sa part ? — Il se réserve la présidence de la Commission du budget, dont le rapport fut confié à M. Longuon. M. Drouhet dut renoncer à faire partie de cette Commission, parceque s'il en avait fait partie, comme Président du Conseil il était Président de droit de la Commission du budget, ce qui ne pouvait pas convenir à M. Naturel qui veut de cette position que Cambetta occupe à la Chambre des Députés. M. Creation eut aussi sa part, on le nomme membre de la Commission du budget, à cause de la question du télégraphe, a-t-il dit lui-même. Pour cela M. Milbet lui céda sa place. C'est ainsi que les choses furent tripotées. Vive la République, flétrie M. Thomas.

Y. G.